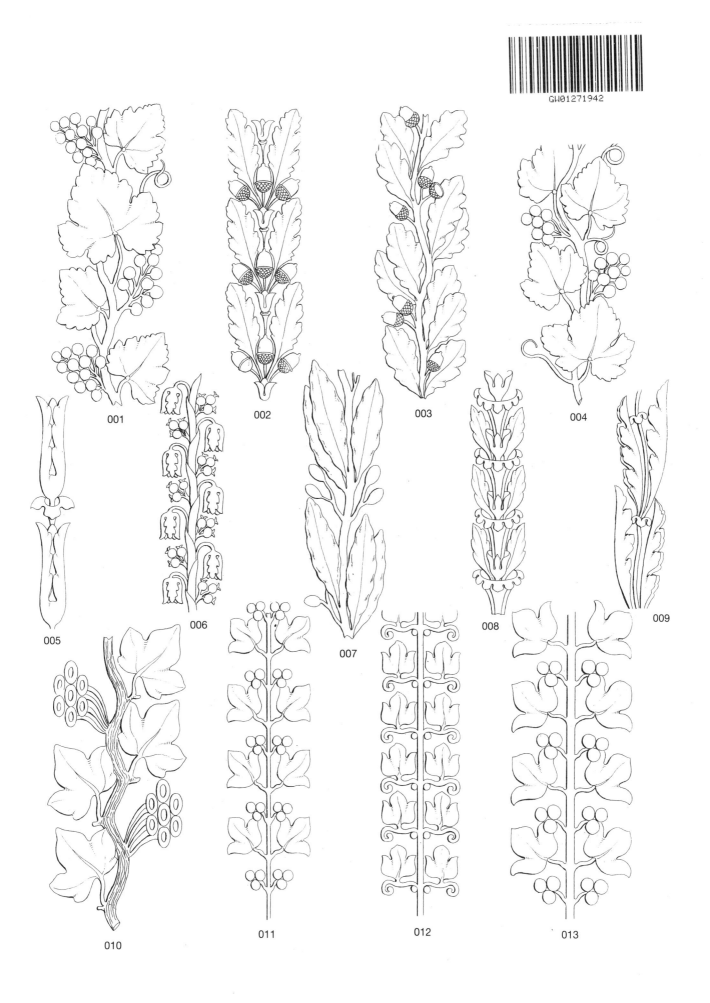

001

002

003

004

005

006

007

008

009

010

011

012

013

1

015

017

014

016

2

019

021

018

020

022

023

024

025

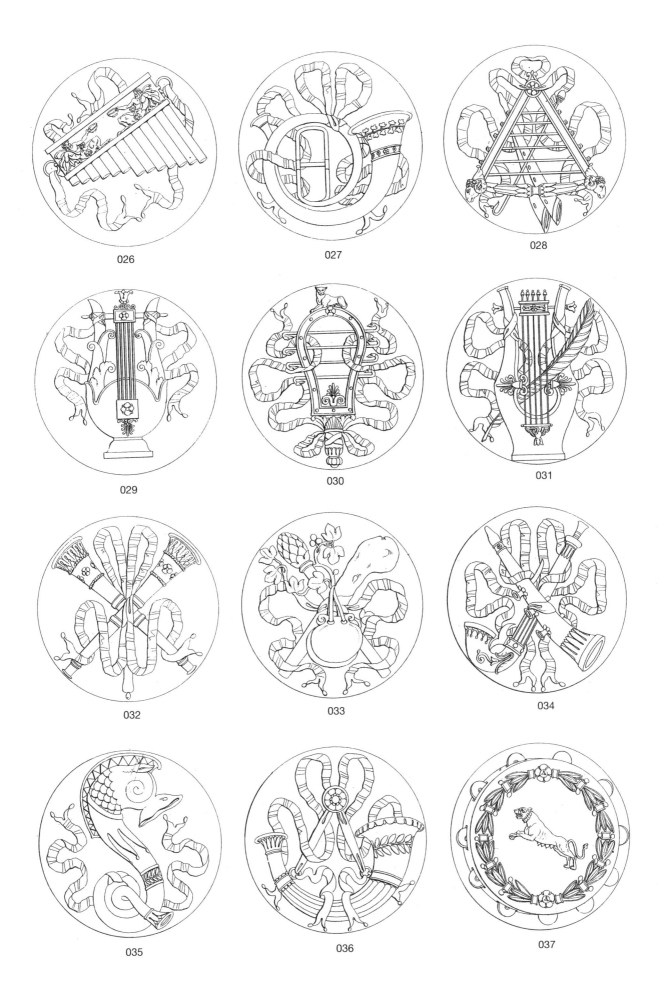

026

027

028

029

030

031

032

033

034

035

036

037

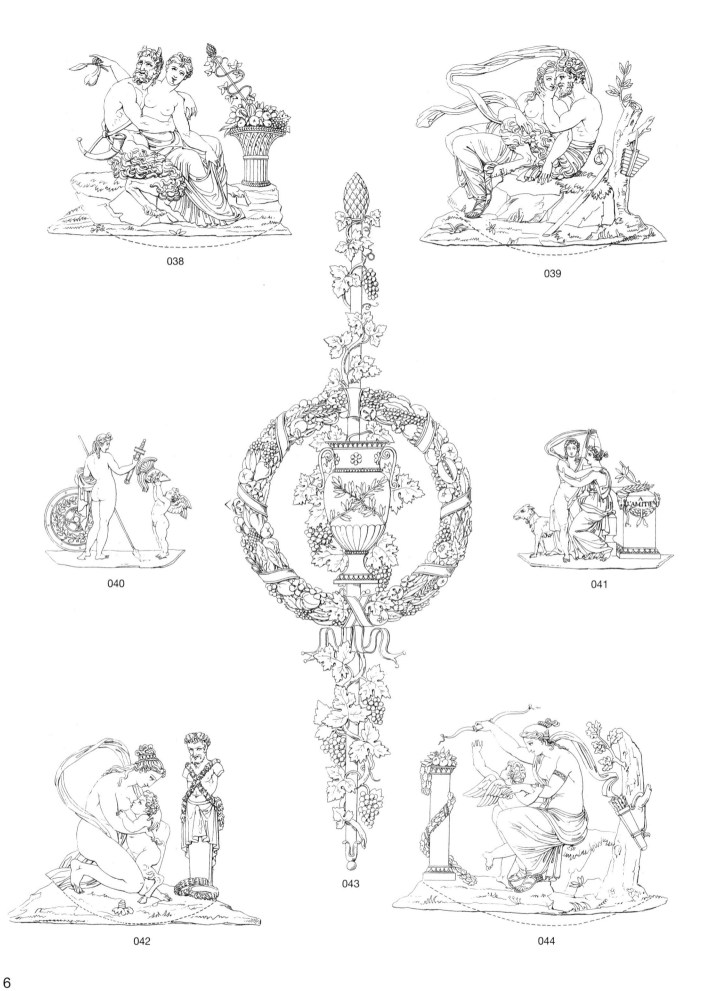

038

039

040

041

042

043

044

045

046

047

048

049

050

7

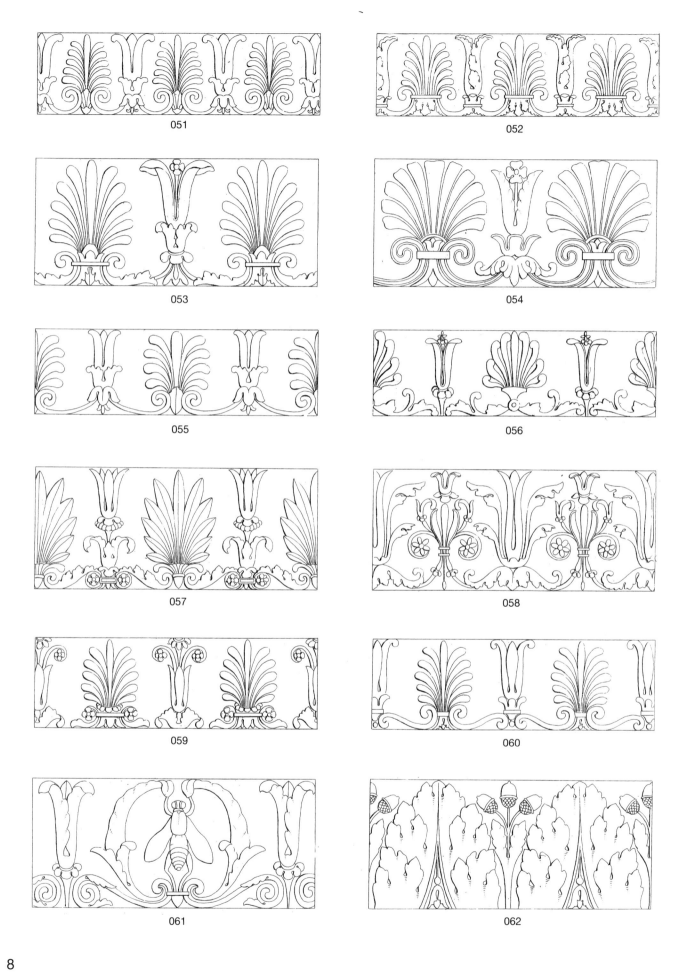

051

052

053

054

055

056

057

058

059

060

061

062

063

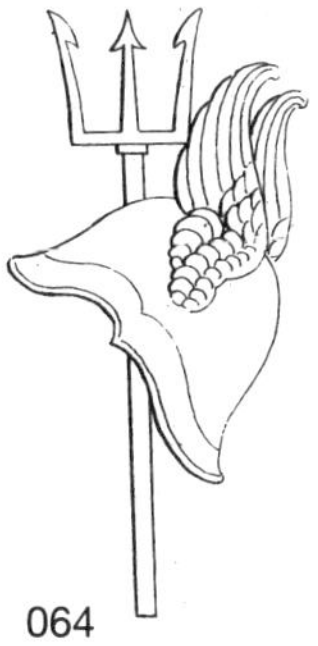

064

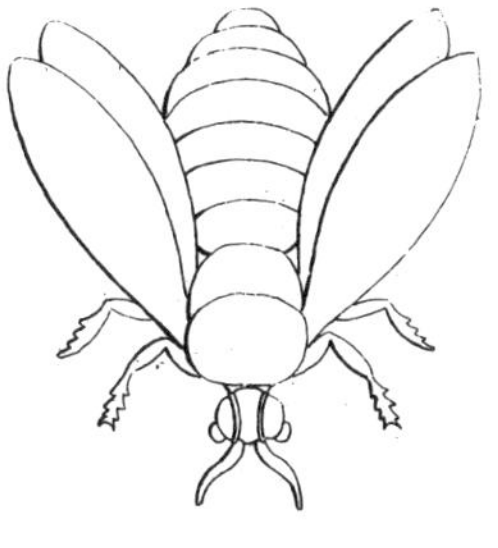

065

066

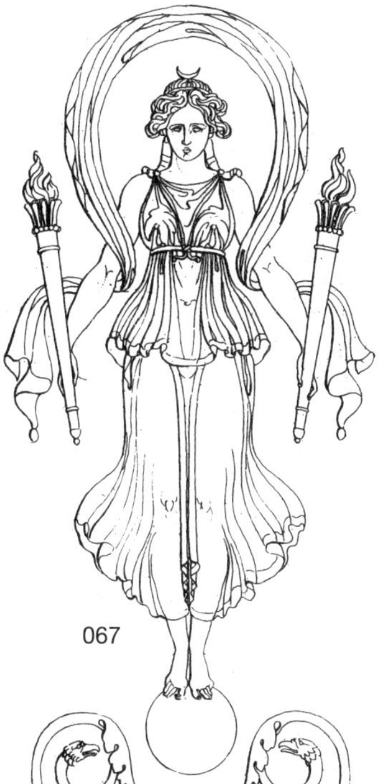

067

068

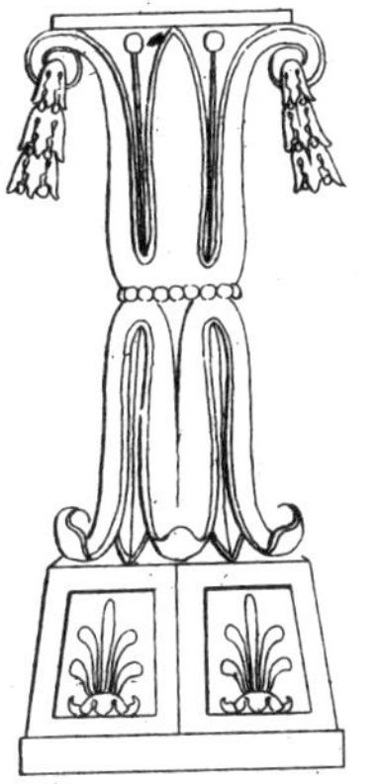

069

070

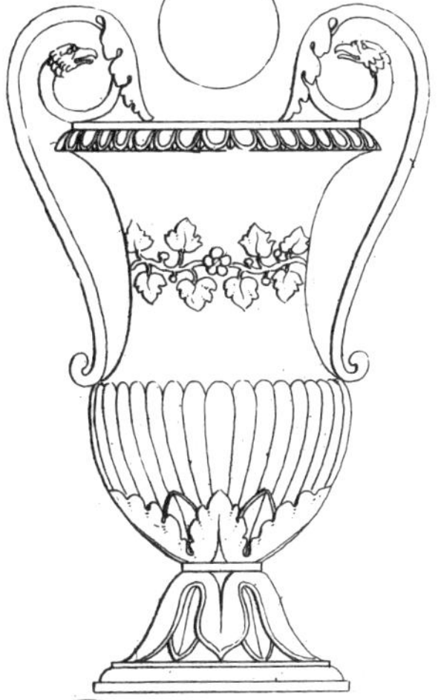

071

072

073

074

075

076

077

078

079

080

081

082

083

084

085

086

087

088

10

089 090 091

092 093 094

095 096 097

11

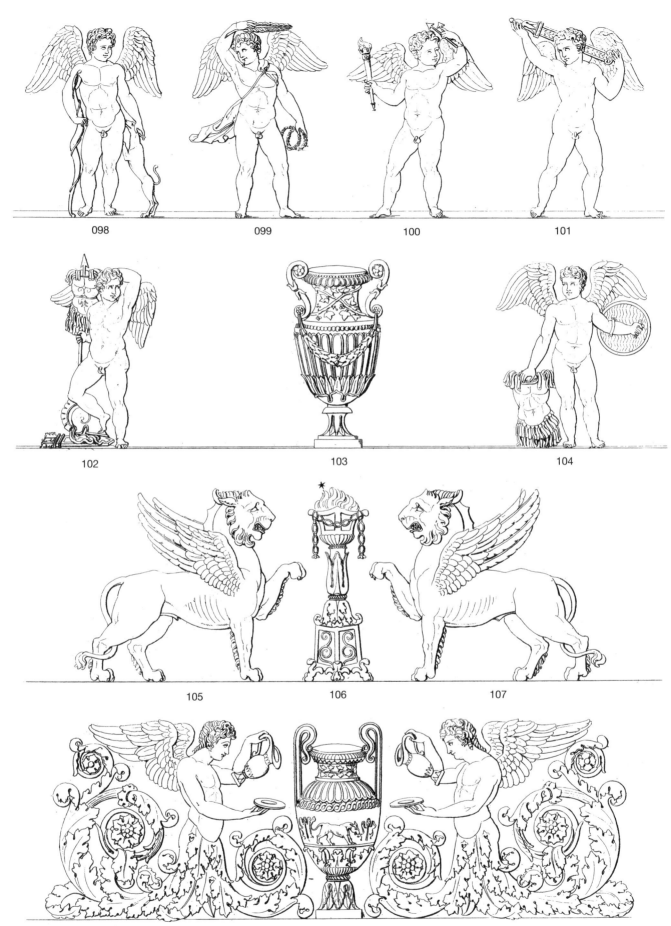

098

099

100

101

102

103

104

105

106

107

108

109

110

111

112

113

114

115

116

117

118

119

120

121

122

123

13

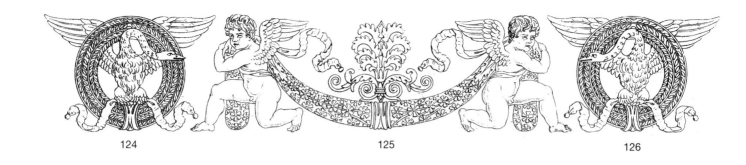

124   125   126

127

128

129

130

132

131

133

134

135

136

137

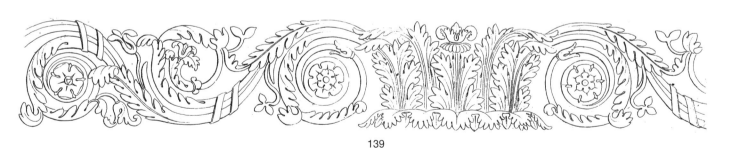

138

139

140

141

142

143

144

145

146

147

148

149

150

151

152

153

154

155

156

157

158

16

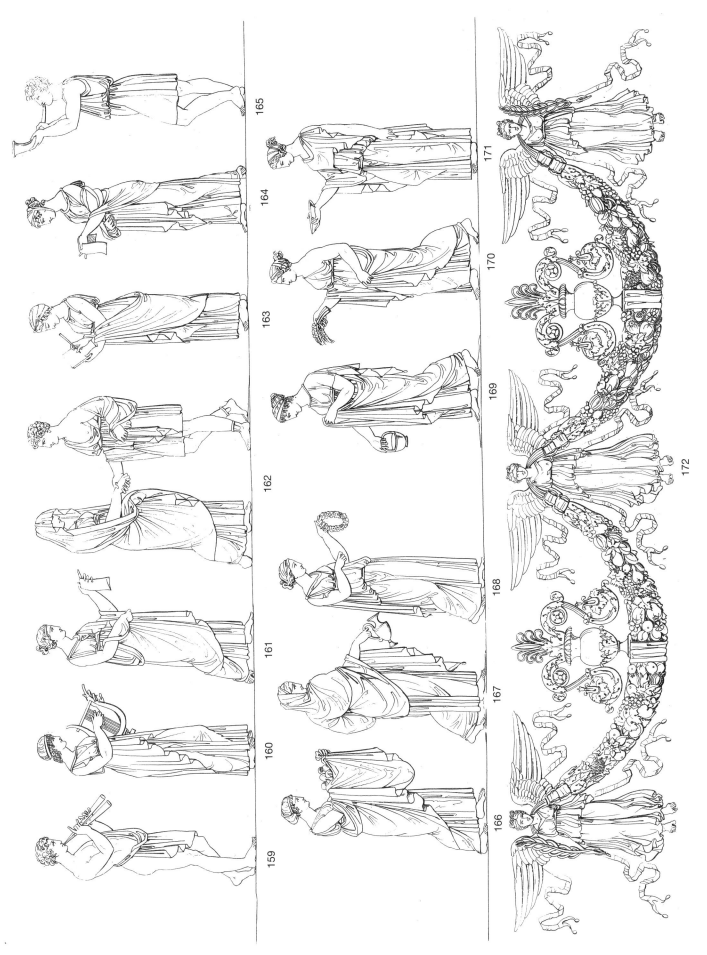

173

174

175

176

177

178

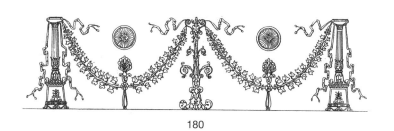

179

180

181

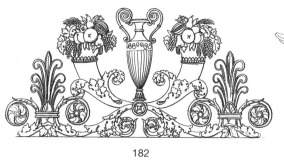

182

183

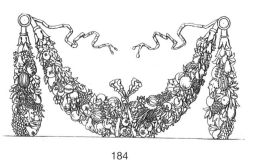

184

18

185

186

187

188

189

190

191

192

193

194

195

196

19

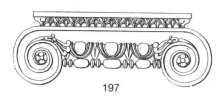

197

198

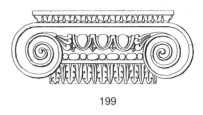

199

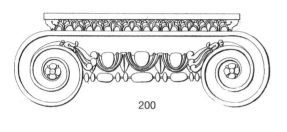

200

201

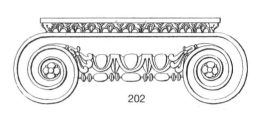

202

203

204

205

206

207

208

20

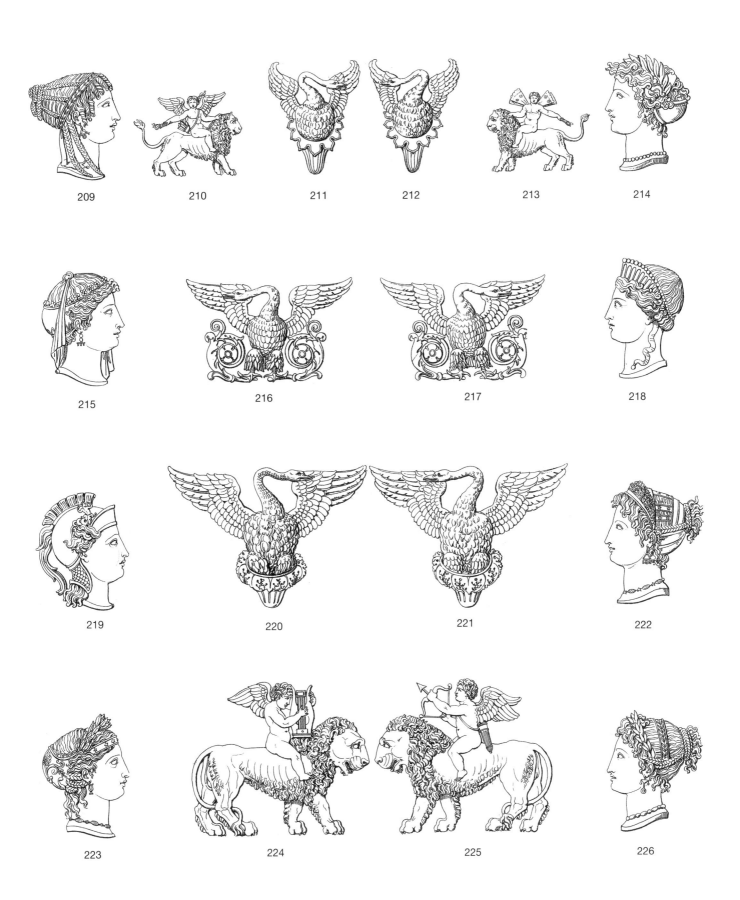

209   210   211   212   213   214

215   216   217   218

219   220   221   222

223   224   225   226

227

228

229

230

231

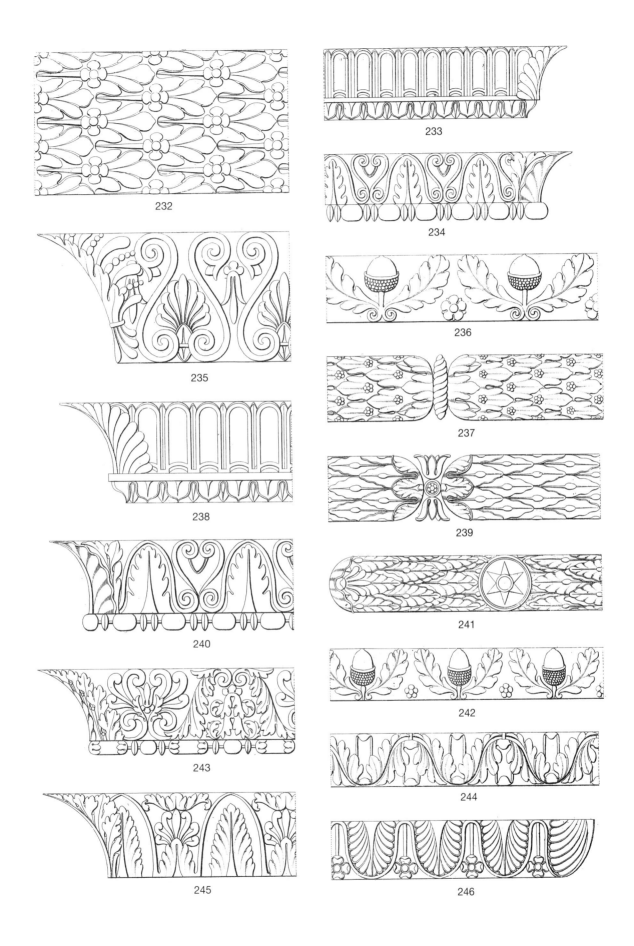

232

233

234

235

236

237

238

239

240

241

242

243

244

245

246

247

248

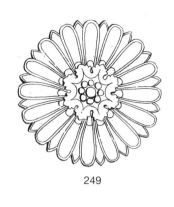

249

250

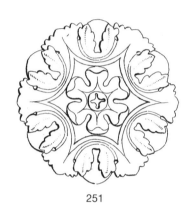

251

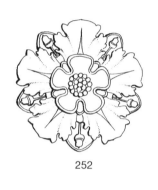

252

253

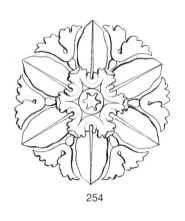

254

255

256

257

258

24

259

260

261

262

263

264

265

266

267

268

269

270

271

272

273

25

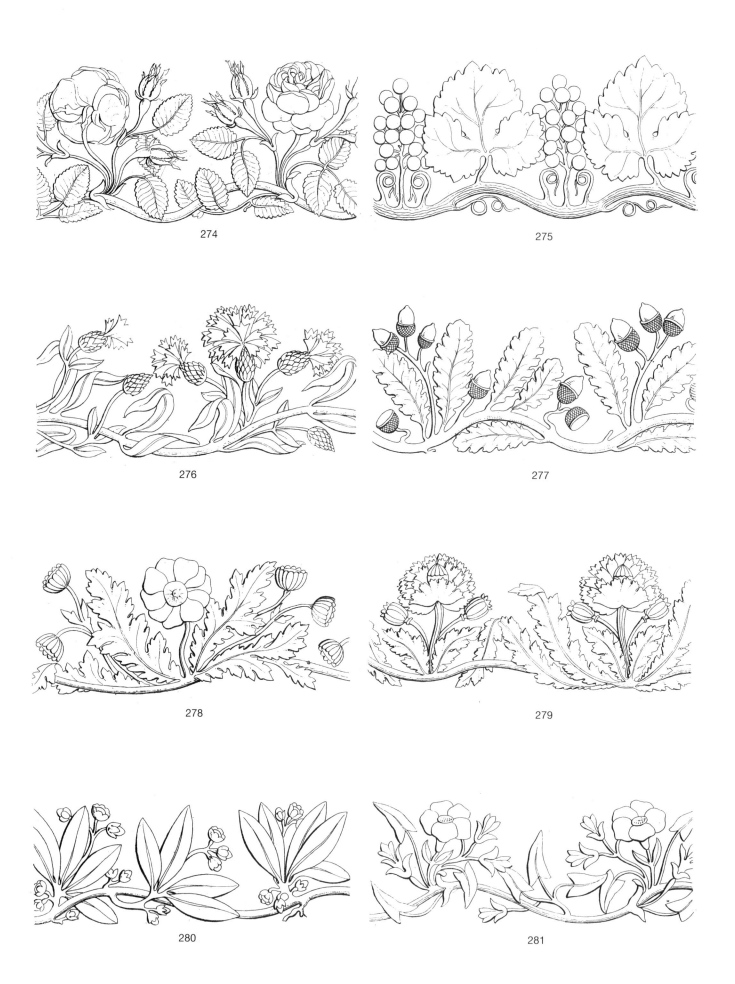

274

275

276

277

278

279

280

281

26

282

283

284

285

286

287 288 289

290

291

292

293

294

295

296

297

298

299

300

301

302

303

304

28

305

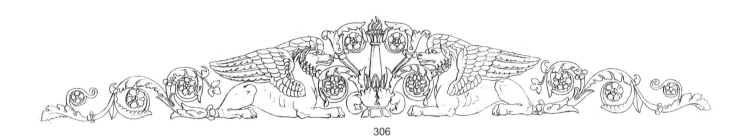

306

307

308

309

310

311

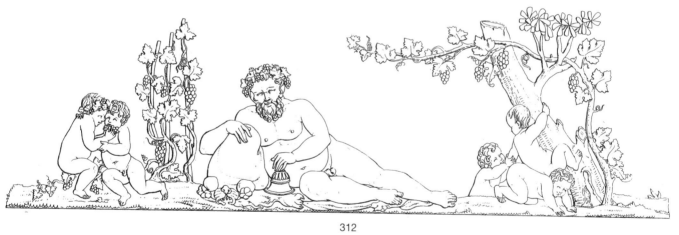

312

313

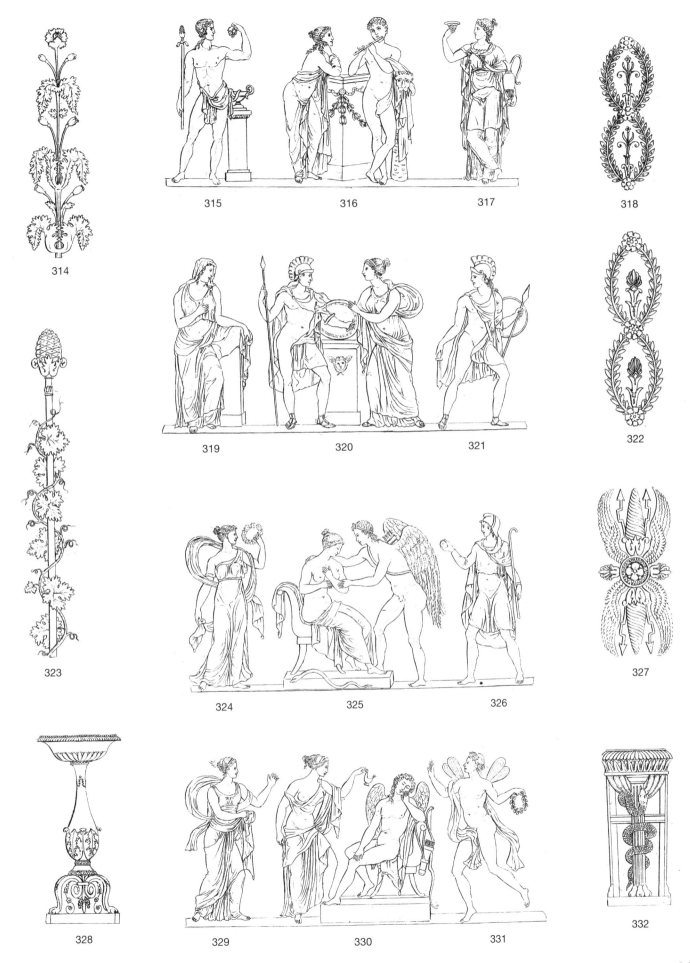

314

315 316 317

318

319 320 321

322

323

324 325 326

327

328

329 330 331

332

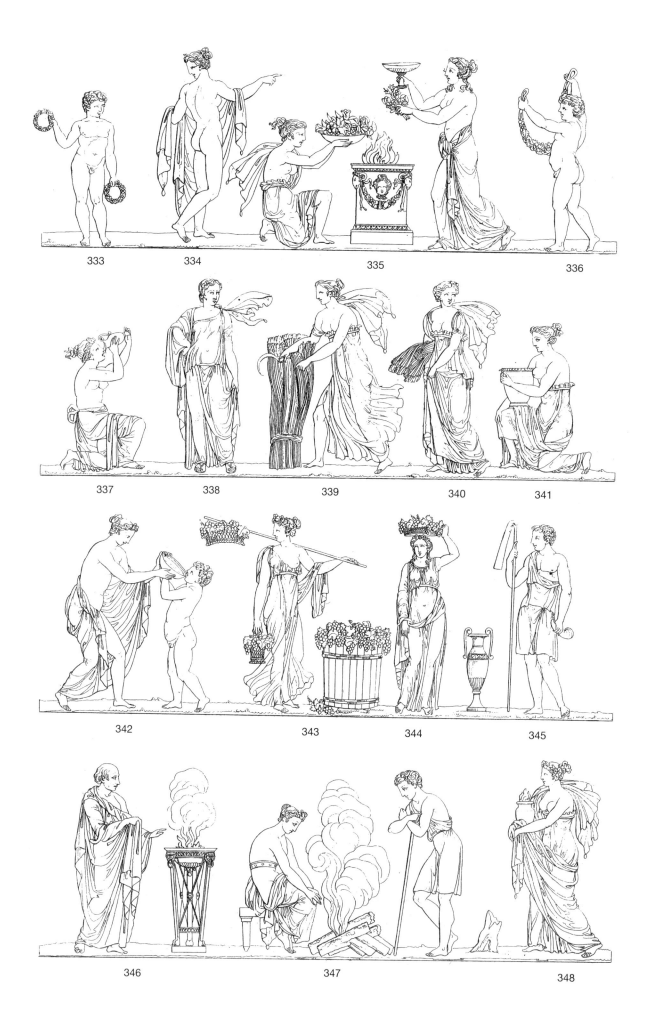

333   334   335   336

337   338   339   340   341

342   343   344   345

346   347   348

32

349

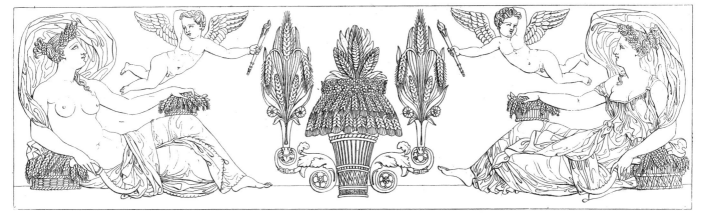

350

351

352

33

353

354

355

356

357

358

359

360

361

362

363

364

365

366

367

368

35

369

370

371

372

373

374

375

376

377

378

379

380

381

382

383

384

385

386

387

388

389

390

391

392

393

394

395

396

397

398

399

37

400

401

402

403

404

405

406

407

408

38

409

410

411

412

413

39

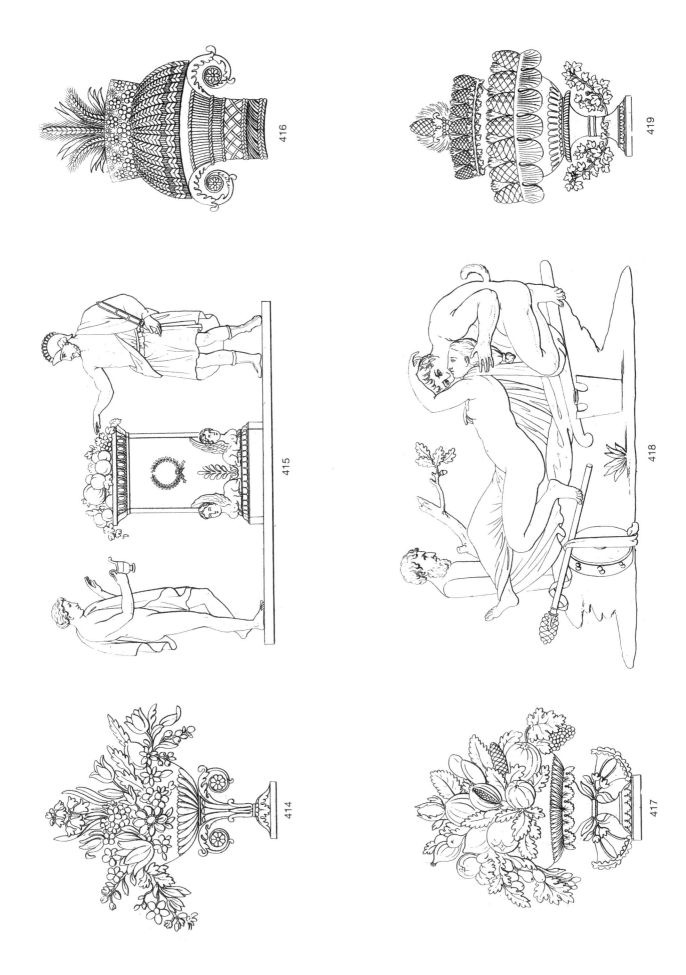

416

419

415

418

414

417

420

421

422

423

424

425

426

427

428

429

430

431

432

433

434

435

436

437

438

439

440

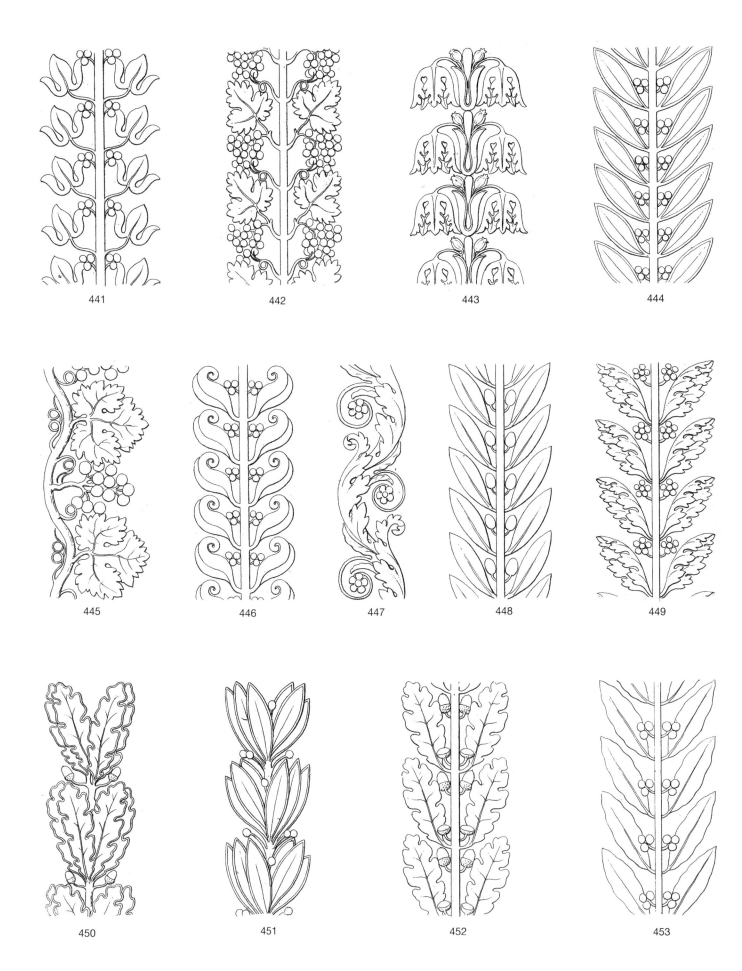

441

442

443

444

445

446

447

448

449

450

451

452

453

42

454

455

456

457

458

459

460

461

462

463

464

465

466

467

43

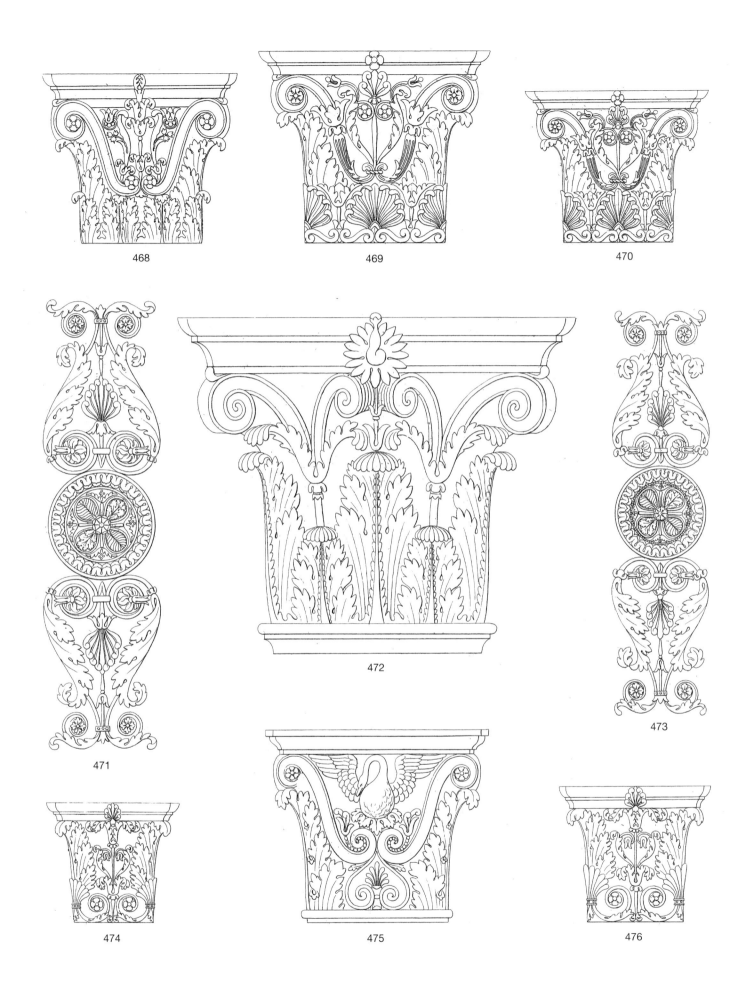

468

469

470

471

472

473

474

475

476

44

477

478

479

480

481

482

483

484

485

486

487

488

45

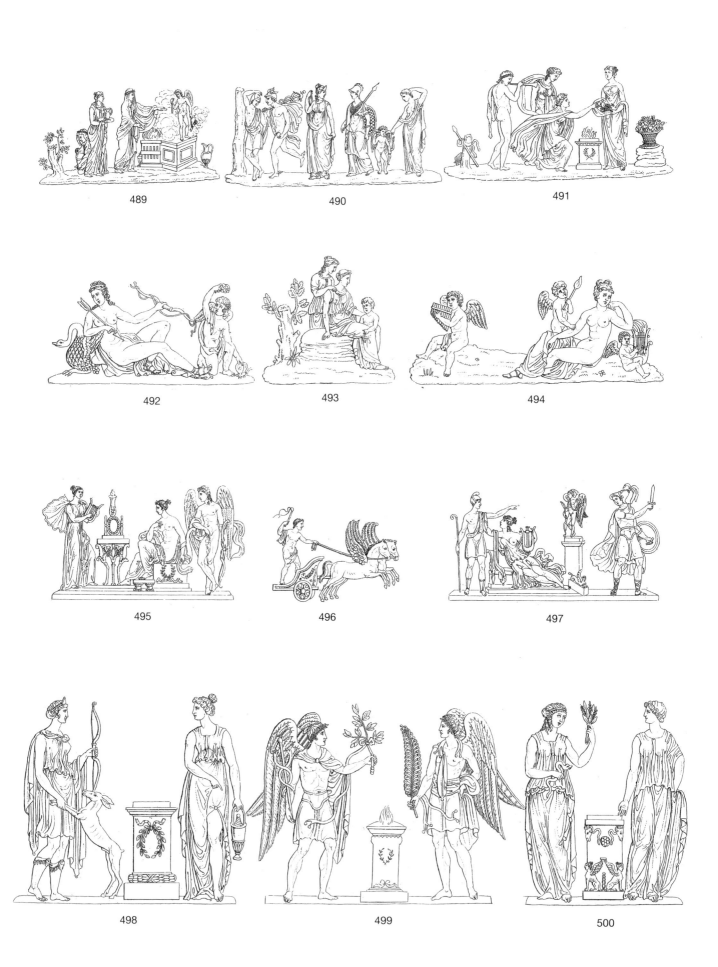

489

490

491

492

493

494

495

496

497

498

499

500

501

502

503

504

505

506

507

508

509

510

511

512

513

514

515

47

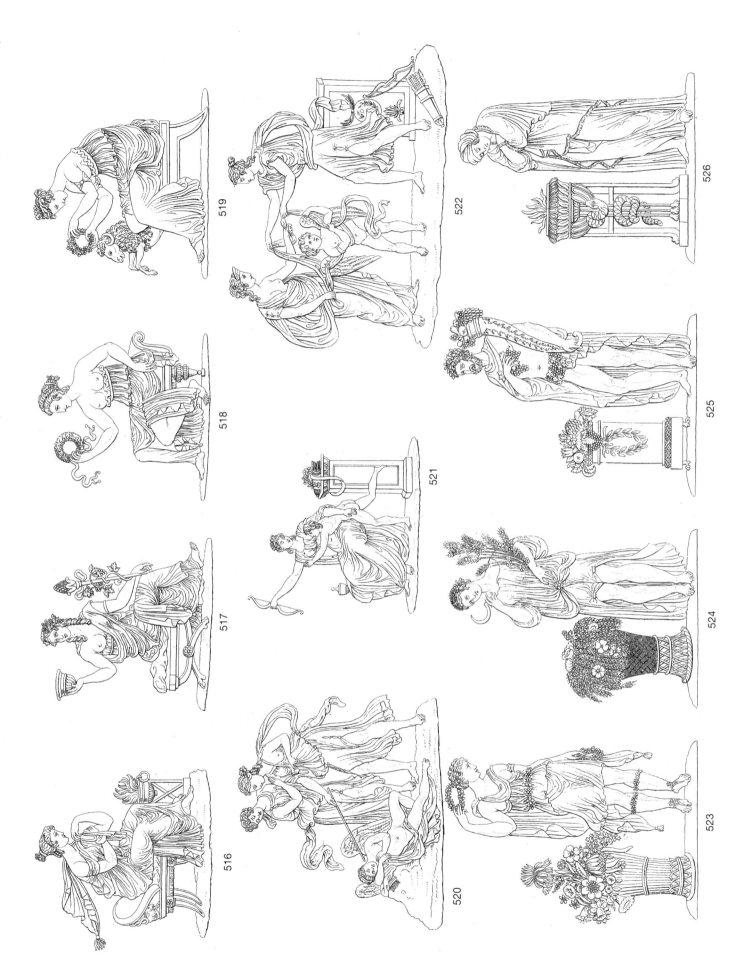

516 517 518 519 520 521 522 523 524 525 526

48